Abdoulaye KEITA

LE GRIOT ET LE FOU DU VILLAGE

Abdoulaye KEITA

LE GRIOT ET LE FOU DU VILLAGE

« DES ENIGMES DANS L'HISTOIRE DES MASSALENS DU MANDE »

Éditions Muse

Imprint

Cover image: www.ingimage.com

Publisher:
Éditions Muse
is a trademark of
International Book Market Service Ltd., member of OmniScriptum Publishing Group
17 Meldrum Street, Beau Bassin 71504, Mauritius
Printed at: see last page
ISBN: 978-620-2-29735-6

Abdoulaye KEITA

ROMAN D'ENIGMES

« DES ENIGMES DANS L'HISTOIRE DES MASSALENS DU MANDE »

LE GRIOT ET LE FOU DU VILLAGE

Juin 2020

Abdoulaye KEITA

« Je m'engage à vous raconter ces énigmes sur l'histoire de l'origine des Massalens du Mandé dans le dessein de vous distraire, amuser, faire réfléchir, effrayer, exciter et vous faire émouvoir. En échange, je demande aux lecteurs d'apporter suffisamment de crédit à ces énigmes afin qu'elles soient vraisemblables dans l'univers du mandé et du Mali actuel».

« Le peuple Malinké, Maninka ou Mandingue, est celui dont l'histoire a considérablement dominé le Soudan d'hier et le Mali. En effet le nom de notre pays ne tient elle pas référence à cette brillante organisation étatique du Soudan occidental médiéval du 13è siècle? ».

Table des matières

PREMIERE PARTIE :

QUI SONT LES MASSALENS DU MALI ?

— Le conteur ***Diéli kèdjan***, vêtu de son grand boubou et de sa tunique d'un teint indigo se leva avec un geste de la main droite comme pour témoigner son engagement à raconter fidèlement comme son père l'a enseigné les profondeurs dans lesquelles les Massalens du mandé sont sorties.

— ***Diéli kèdjan*** : Ces profondeurs qui sont magnifiées avec tant d'éloges et de soins qu'aucune souillure n'est visible.

— ***Diéli kèdjan*** : Après quelques minutes, il s'assied comme quelqu'un qui a reçu un coup de pilon et qui a besoin de bien respirer pour éviter l'étouffement. Effectivement il est demandé à Diéli kèdjan de conter l'origine des Massalens, qui de part la légende ont marqué l'histoire orale du Mandé, le Mali actuel.

—***Diéli kèdjan*** avait donc besoin de bien respirer et de réfléchir sur ce qu'il doit être dit tout en sachant également que tout ne doit pas être révélé.

— ***Diéli kèdjan*** : Cette scène se passait à Badougou Djoliba, un village malinké situé à une quarantaine de kilomètres de Bamako lors d'une cérémonie banale arborant griots et traditionnalistes du Mandé comptemporain pour commémorer la mémoire de leurs ancêtres communs MBEMBA KANDA KEITA.

— ***Diéli kèdjan*** : Badougou Djoliba est situé en bordure du fleuve à une quarantaine de kilomètres de la Capitale Bamako, à sept kilomètres du village de Samagnana Bassi.

— ***Diéli kèdjan*** : La situation géopolitique et historique du village ainsi que les luttes de clans et les vicissitudes de l'histoire et des conflits entre groupes ethniques du Mandé actuel ainsi que le personnage de MBEMBA KANDA KEITA et combien de femmes et d'enfants a t –il eu. Où s'est il installé avant Badougou Djoliba et combien d'années a-t-il vécu. Qu'a-t-il réalisé d'importants ? n'ont pas été abordés car peu maîtrisé par le conteur.

— ***Diéli kèdjan*** : Après les cérémonies d'usage c'est-à-dire les interventions des organisateurs de la cérémonie et des chefferies traditionnelles, le jeune griot du nom de PELE se leva du fonds de sa chaise trouée qui lui servait de repos comme pour annoncer à la foule en haleine que les choses sérieuses vont commencer.

—***Pélé*** : Il doit ce nom du plus grand et prestigieux footballeur et glorieux du Brésil qui ne rate pas d'occasions pour marquer des buts pour son adresse et ses capacités d'adaptation sur n'importe quel terrain.

— ***Pélé*** : Pour magnifier le jeune griot, Diéli Kèdjan raconte les palmarès du roi Pelé comme s'il avait rencontré.

— ***Pélé*** : Le roi Pelé a totalisé 1 281 buts en 1 363 matchs officiels. Il est né dans la pauvreté à Très Corações (Brésil) le 23 octobre 1940.

— ***Pélé*** : Le vrai nom du roi du football mondial est **Edson Arantes do Nascimento**, dit Pelé.

— ***Pélé*** : Il est sacré meilleur joueur du XXème siècle par la FiFA. Après s'être retiré des terrains de foot en 1977. Il est nommé plus tard ministre des Sports du Brésil, de 1994 à 1998.

— ***Pélé*** : Comme il le fait dans beaucoup de cérémonies, le jeune griot PELE demanda aux chefferies traditionnelles et à toute la foule en liesse d'écouter ce que le *wana* de la parole va raconter sur l'origine des Massalens. Avant qu'il finisse de s'adresser à la foule, une femme du nom de *Djéli Musoba* entonna une chanson en hommage des Massalens du Mandé :

— ***Djéli Musoba*** : « Les griots disent souvent aux Massalens en guise de panégyrique :

—Kani Simbo,

—Kani Niokon Simbo,

—Lafolo Simbo,

—Lawalé Simbo,

—Djata l'exilé,

—Djata le perclus des jambes,

—Djata le vainqueur irréprochable,

—Si le mandé devenait prospère,

—Que Dieu te donne de nombreux descendants,

—Si le mandé périclitait,

—Que Dieu te donne de nombreux descendants,

—Toi qui es issu de toubi lawali

—De lawali Bourama,

—De Fara-Koro Maghan Kegni

—A Konkannya

—Le Djata dont il est ici question

—Est celui qui a œuvré tant dans la grandeur du Mandé ».

—***Djéli Musoba*** venait ainsi de préciser dans son intermède les origines lointaines des Massalens du Mandé.

— ***Djéli Musoba*** : L'intermède fut tellement apprécié que la foule reprit sa liesse et les chuchotements se déferlèrent de partout. Une partie de la foule, quelques initiés aux messages litaniques des griots se détacha et les chuchotements se confondaient aux bruits des tambours et tam-tams car chacun avait compris qu'une partie de l'histoire venait d'être éludée.

—***Diéli fato***, un vieux mystique se leva en boubou fait de cotonnade rapiécé et se mit au milieu de la place publique et demanda pardon aux ancêtres du Mandé. —Il murmura longtemps avant de se décider à parler. La foule se mit en liesse et disant que « c'est un fou, écartons le de la scène ». Diéli fato se décida et parvient à calmer la foule en disant « je vais vous dire ce que je connais de l'histoire des Massalens ».

—Il trébucha un peu et parvint à parler avec une voix plus rassurante :

—**Diéli fato** précisa, je vais vous raconter ce que les autres ne connaissent sur la vie secrète de celui qui est présenté comme l'idôle des Massalens Soundjata Kéita, fils de Sogolon Kédjou « Kondouto », la seconde épouse « bossue » de Naré Maghan Kon Fatta.

— **Diéli fato** : Soundiata n'a jamais été perclu. Il est le fils de Sogolon et le trosième fils de Naré Famaghan Konté après Dakarantouman fils de Sassouma Berété et de Mandé Boris fils de Namadjè.

— **Diéli fato** : Arrêtons nous d'abord pour parler de Naré Maghan, le père de Soundiata. Naré Maghan Kon Fatta est le fils de Lawalé Birama. Selon les événements on l'appelait également Fara koro Kegny (le beau) et Naré Famaghan Konaté.

—***Pélé*** : La foule qui était en liesse se ressasit et acclamèrent Diéli fato par des slogans « Fato tè, fato tè, aw to akè kouma » qui veut dire *il n'est pas fou, laissez le parler.*

—***Diéli Fato***, tout grattant ses cheveux touffus, comme s'il voulait prendre un soufle précise que le royaume du Mali existe depuis le Xème siècle, mais on connaît peu de choses sur cette époque.

— ***Diéli Fato*** : On sait aussi qu'au début du XIe siècle, plus précisement en 1050, une terrible sécheresse dévaste le royaume. Sous le ciel trop calme, la terre se fendille, les plantes jaunissent, les cultures dépérissent, les animaux meurent, la famine menace. —Les hommes ont peur et ils accusent leur roi Baramdana. Celui-ci multiplie les exorcismes pour faire venir la pluie.

— ***Diéli Fato*** : La pluie ne vient pas. Un marabout lui conseille de se convertir à l'islamisme. Ce qu'il fait. Il reçoit alors le nom *d'EL Moslemani.*

— ***Diéli Fato*** : Et la pluie tomba. Le peuple calme sa colère, mais garde la religion de ses ancêtres. El Moslemani, lui, fortifie son pouvoir et fait le pèlerinage à La Mecque. Il porte le titre de Sultan.

— ***Diéli Fato*** : A cette époque, il n'y en a que cinq dans le monde. Pendant 150 ans environ la vie du petit royaume est très calme et peu connu.

— ***Diéli Fato*** : C'est en 1200, que Moussa Allakoi, un frère aîné de Mahamadou Kanou dont le père serait un certain Bounama devient roi du petit royaume.

—***Diéli Fato*** observa une pause car il se rendit compte qu'il a remonté trop loin dans la généalogie des Massalens dans laquelle plusieurs ombrages existent qui ne méritent pas d'être étalés sur la place publique.

—***Diéli fato*** poursuit en précisant que le père de Naré Famaghan Konaté est le fils de Bintou MAFILE qui a eu deux fils Lawalé Birama le plus âgé et le cadet Lawalé Toubi. Bintou MAFILE fait partie des enfants de Mahamadou KANOU, qui aurait passé une partie de son enfance auprès de son père à Médine ainsi que son frère Moussa Allakoi.

— ***Diéli Fato*** : Mahamadou Kanou a eu cinq (5) enfants aux côtés de son frère Moussa Allakoi dans le petit royaume.

— ***Diéli Fato*** : Les enfants de Mahamadou KANOU étaient par ordre de naissance : Kani SIMBO, Kani Nioko SIMBO, Bintou MAFILE, Lawalé Simbo et Lafolo Simbo.

— ***Diéli Fato*** : Comme je l'ai dit Mahamadou KANOU et son frère Moussa Allakoi migreront avant l'éclatement de l'empire du Ghana.

— ***Diéli Fato*** : Naré Famaghan KONATE est né dans cet empire vers 1150. Eminent mobilisateur avec une beauté extraordinaire et une taille imposante, Naré Famaghan Konaté s'installera dans le Kende-Manding, un espace géographique situé entre le cercle actuel de Kita et une partie de la Guinée Conakry entre les collines.

— ***Diéli Fato*** : Les premiers villages fondés par les manding sont Kiri ou Kri, Dakadialan ou Dakadyalan et Nianiba.

— ***Diéli Fato*** : Naré Famaghan Konaté s'est installé d'abord à Dakadyalan où ses enfants sont nés avant de s'installer à Nianiba, où il mourut en 1218.

— ***Diéli Fato*** : Les conditions peu favorables à la vie (présence de souches de malidies invalidantes) ont poussé le vieux Naré Famaghan KONATE à se deplacer vers Nianiba.

— ***Diéli Fato*** : A son jeune âge, Naré Famaghan mariera la fille du chef des familles maraboutiques Berété du nom de Sassouma, puis une femme du nom de Namadjè.

— ***Diéli Fato*** : A cause de son talent d'organisateur, il organisera la contrée de Dakadyalan qu'il dirigera de 1200 à 1218.

— ***Diéli Fato*** : Un jour, un voyageur passa la nuit chez Naré Famaghan KONATE et l'informait qu'il mariera une femme bossue et peu présentable qui viendra avec sa maman s'installer à Dakadyalan.

— ***Diéli Fato*** : Cette femme qui se nommait Sogolon Koné venait du Pays de Do actuel terroir situé entre Baraouéli et Tamani.

— ***Diéli Fato*** : Le voyageur indiquait à Naré Famaghan KONATE que cette femme donnera naissance à un enfant qui marquera l'histoire contemporaine du mandé. Soundiata est né ainsi à Dakadyalan de l'union de son père avec Sogolo puis il s'exilera à Méma auprès du roi Massan Moussa Tounkara durant au mois sept hivernages.

—***Diéli kèdjan*** se leva calmement et trouva une manière très habile de libérer la place publique occupée par *Diéli fato*.

— ***Diéli kèdjan***: Il demanda à *Pelé* de calmer la foule et qu'il avait besoin de continuer les contes de Diéli Fato qui sont cependant vrais.

— ***Diéli kèdjan*** : Il leva sa main droite comme pour prendre en témoin le public qui était en liesse sous les applaudissements et remercie Diéli Fato pour les informations claires et précises qu'il venait de donner.

—***Diéli kèdjan*** précisa que toutes les vérités ne sont pas bonnes à dire et demanda à Diéli Fato de quitter la place publique.

— ***Diéli kèdjan*** : Il le remercia pour les détails qu'il a apportés à l'histoire des Massalens du Mandé et prend à témoin la foule et poursuiva le conte.

— ***Diéli kèdjan*** : *« Sogolon était une mère prudente. Elle savait tout ce que pouvait faire sa coépouse Sassouma Berété pour nuire à ses enfants ».*

— ***Diéli kèdjan*** : Un soir, après que les enfants eurent mangé, elle les réunit et dit à Soundjata : partons d'ici, mon fils; Manding Bory et Diamarou sont vulnérables; ils ne sont pas dans les secrets de la nuit; ils ne sont pas sorciers.

— ***Diéli kèdjan*** : Désespérant de t'atteindre, Sassouma dirigera ses coups sur ton frère ou sur ta soeur. Partons d'ici, tu reviendras plus tard, quand tu seras grand, pour régner, car c'est au Mandé que ton destin doit s'accomplir. »

— ***Diéli kèdjan*** : Sept années sont passées, sept hivernages se sont succédés et les lunes ont succédé aux lunes dans le même ciel ; les fleuves dans leur lit ont continué leur course interminable.

— ***Diéli kèdjan*** : Sept années sont passées et Soundjata a grandi. Son corps est devenu vigoureux et la sagesse a gagné son esprit.

— ***Diéli kèdjan*** : Partis de Niani, Sogolon et ses enfants s'étaient arrêtés à *Diedeba* chez le roi *Mansa Konkon* le grand sorcier.

— ***Diéli kèdjan*** : Djedeba était une ville sur le fleuve Djoliba à deux jours de marche à cheval de Niani.

— ***Diéli kèdjan*** : Le roi les reçut avec un peu de méfiance. Mais partout l'étranger a droit à l'hospitalité, Sogolon et ses enfants furent logés dans l'enceinte même du roi et pendant deux mois Soundjata et Manding Bory se mêlèrent aux jeux des enfants du roi.

— ***Diéli kèdjan*** : Une nuit, alors que les enfants jouaient aux osselets devant le palais, au clair de lune, la fille du roi, qui n'avait que douze ans, dit à Manding Bory :

- Tu sais que mon père est un grand sorcier.
- Ah oui ? fit l'innocent Manding Bory.
- Oui, Eh bien sa puissance réside dans le jeu de wori
- Tu sais jouer au wori ?
- Mon frère soundiata lui, est un grand sorcier aussi.

- Sans doute, il n'égale pas mon Père.
- Mais comment ? Ton père joue-t-il au wori.

— ***Diéli kèdjan*** : A ce moment Sogolon appela ses enfants car la lune venait de se coucher.

- Soundjata qui se tenait à l'écart, demande à son frère Manding Bory s'il aime la fille de Mansa Konkon
- Oui frère, mais sache que « *pour conduire une vache à l'étable il suffit de prendre le veau* ».
- Certes, la vache suivra le ravisseur. Mais de la prudence, si la vache est furieuse, tant pis pour le ravisseur.

— ***Diéli kèdjan*** : Les deux frères rentrèrent en se renvoyant les proverbes. La sagesse des hommes est contenue dans les proverbes et quand les enfants manient les proverbes, c'est le signe qu'ils ont profité du voisinage des adultes.

— ***Diéli kèdjan*** : Le lendemai, *Soundjata* et *Manding Bory* ne sortirent pas de l'enceinte royale, ils jouèrent avec les enfants du roi sous l'arbre de la réunion.

— ***Diéli kèdjan*** : Au début de l'après-midi, *Mansa Konkon* demanda le fils de Sogolon dans son palais.

— ***Diéli kèdjan*** : Le roi habitait dans un véritable labyrinthe, après plusieurs détours à travers les couloirs obscurs, un serviteur laissa Soundjata dans une salle faiblement éclairée.

— ***Diéli kèdjan*** : Il regarda autour de lui, mais il n'avait pas peur. La peur entre dans le cœur de celui qui ignore son destin.

— ***Diéli kèdjan*** : Soundjata savait qu'il marchait droit vers un grand destin, mais il ne savait pas les épreuves qu'i devrait traverser.

— ***Diéli kèdjan*** : Quand ses yeux se furent habitués à la demi-obscurité, Soundjata vit le roi assis sur une grande peau de boeuf, il vit accrochées aux murs de magnifiques armes et il s'exclama :

- Quelles belles armes tu as, *Mansa Konkon* !
- Et saisissant un sabre, il se mit à escrimer tout seul contre un ennemi imaginaire.

- Le roi, étonné, regardait l'enfant extraordinaire.
- Tu m'as demandé, je suis là.
- Il raccrocha le sabre.
- Assieds-toi, dit le roi. Chez moi j'ai l'habitude d'inviter à jouer mes hôtes, nous allons jouer au wori. Mais j'ai des conditions peu communes.
- Si je gagne et je gagnerai je te tue.
- Et si c'est moi qui gagne? fit Soundjata sans se désemparer.
- Dans ce cas je te donnerai tout ce que tu me demanderas. Mais sache que je gagne toujours.
- Si je gagne je ne te demande que ce sabre dit naïvement Soundjata en montrant l'arme qu'il avait maniée.
- D'accord, fit le roi. Tu es sûr de toi hein !

— ***Diéli kèdjan*** : le roi tira le bois où étaient creusés les trous du wori, il mit quatre cailloux dans chacun des trous.

— ***Diéli kèdjan*** : Je commence, fit le roi, et prenant les quatre cailloux d'un trou il les distribua en scandant ces mots :

- *« I don don, don don Kokodji.*
- *Wori est l'invention d'un chasseur.*
- *I don don, don don Kokodji.*
- *Je suis imbattable à ce jeu.*
- *Je m'appelle « roi-exterminateur ».*

— ***Diéli kèdjan*** : Soundjata prenant les cailloux d'un trou enchaîna :

- *I don don, don don Kokodji.*
- *Autrefois l'hôte était sacré.*
- *I don don, don don Kokodji.*
- *Mais l'or est d'hier.*
- *Moi je suis d'avant-hier.*

— ***Diéli kèdjan*** : Le roi s'écria en disant quelqu'un m'a trahi, rugit le roi *Mansa Konkon.*

— ***Diéli kèdjan*** : Soundiata dit « Non roi, n'accuse personne, dit Soundjata ».

— ***Diéli kèdjan*** : le roi dit Alors ?

— ***Diéli kèdjan*** : Soundiata dira « Voici bientôt trois lunes que je vis chez toi, jamais tu ne m'avais pas proposé de jouer au wori ». Dieu est la langue de l'hôte. Mes paroles ne traduisent que la vérité car je suis ton hôte.

— ***Diéli kèdjan*** : La vérité c'est que la reine-mère de Niani avait envoyé de l'or à Mansa Konkon pour qu'il supprime Soundjata : « l'or est d'hier » et Soundjata était antérieur à l'or, à la cour du roi.

— ***Diéli kèdjan*** : La vérité, c'est que la fille du roi avait révélé le secret à Manding Bory.

— ***Diéli kèdjan*** : Le roi, confus, dit alors :

- Tu as gagné, mais tu n'auras pas ce que tu as demandé et je te chasse de ma ville.
- Merci pour l'hospitalité de trois mois, mais je reviendrais, Mansa Konkon.

— ***Diéli kèdjan*** : Sogolon et ses enfants prirent la route de l'exil. Ils s'éloignèrent du fleuve et se dirigèrent vers l'ouest, ils allaient demander l'hospitalité au roi de Tabon dans le pays qu'on appelle aujourd'hui Fouta Djallon.

— ***Diéli kèdjan*** : Cette région était alors habitée par les Kamara forgerons et les Djallonkés. Tabon était une ville imprenable, retranchée derrière les montagnes, le roi était depuis longtemps allié de la cour de Niani.Le fils du roi Fran Kamara avait été un des compagnons de Soundjata.

— ***Diéli kèdjan*** : Mais le roi de Tabon était déjà vieux et il ne voulait pas se brouiller avec celui qui régnait à Niani. Il accueillit Sogolon avec bonté et lui conseilla d'aller le plus loin possible.

— ***Diéli kèdjan*** : Il lui proposa la cour de Wagadou dont il connaissait le roi. Justement une caravane de marchands partait pour Wagadou.

— ***Diéli kèdjan*** : Le roi recommanda Sogolon et ses enfants aux marchands, il retarda même le départ de quelques jours pour permettre à la mère de se remettre un peu de ses fatigues.

— ***Diéli kèdjan*** : C'est avec joie que Soundjata et Manding Bory avaient retrouvé Fran Kamara. Celui-ci, non sans orgueil, leur fit visiter les forteresses de Tabon.

— ***Diéli kèdjan*** : le roi leur fit admirer la gigantesque porte de fer, les arsenaux du roi. Fran Kamara était très heureux de recevoir Soundjata chez lui.

— ***Diéli kèdjan*** : La veille de leur départ, Fran Kamara avait offert une partie de chasse aux princes du Manding et les jeunes avaient réussi comme des hommes.

— ***Diéli kèdjan*** : Quand je reviendrai au Manding, avait dit Soundjata, je passerai te prendre à Tabon, nous irons ensemble à Niani.

— ***Diéli kèdjan*** : D'ici là nous aurons grandi, avait ajouté Manding Bory.

— ***Diéli kèdjan*** : Les forgerons et les Djallonkés sont d'excellents guerriers, déjà j'assiste au rassemblement des hommes en armes que mon père organise une fois l'an.

— ***Diéli kèdjan*** : Je te ferai grand général, nous parcourrerons beaucoup de pays, nous serons les plus forts. Les rois trembleront devant nous comme la femme tremble devant l'homme dit soundiata.

— ***Diéli kèdjan*** : Les exilés reprirent les chemins, Tabon était très loin de Wagadou.

— ***Diéli kèdjan*** : Les marchands furent bons avec Sogolon et ses enfants ; le roi avait fourni les montures. La caravane se dirigeait vers le nord, laissant le pays de Kita à droite.

— ***Diéli kèdjan*** : En route les marchands racontèrent aux princes beaucoup d'événements du passé.

— ***Diéli kèdjan*** : Soundjata fut particulièrement intéressé par les récits se rapportant au grand roi du jour, Soumaoro Kanté. C'était chez lui, à Sosso, que Balla Fasséké était parti comme ambassadeur.

— ***Diéli kèdjan*** : Soundjata apprit que Soumaoro était le roi le plus puissant et le plus riche, même le roi de Wagadou lui payait tribut; il était aussi d'une très grande cruauté.

— ***Diéli kèdjan*** : Le pays de Wagadou est un pays sec où l'eau manque.

— ***Diéli kèdjan*** : Les Cissé de Wagadou étaient les princes les plus puissants, descendant de *Djoulou Kara Naïni*, le roi de l'or et de l'argent.

— ***Diéli kèdjan*** : Mais depuis que les Cissé avaient rompu le pacte ancestral avec le serpent Biton, leur pouvoir n'avait cessé de décroître.

— ***Diéli kèdjan*** : Soundjata était étonné pourquoi le roi *Djoulou Kara Naïni* payait tribut au roi de Sosso !

— ***Diéli kèdjan*** : Après plusieurs jours de marche la caravane arriva, Soundjata, Manding Bory et Sogolon et sa fille arrivèrent à Wagadou.

— ***Diéli kèdjan*** : Les marchands montrèrent à Sogolon et à ses enfants la grande forêt de Wagadou où habitait le grand serpent Bida.

— ***Diéli kèdjan*** : la ville était entourée d'énormes murailles assez grandes.

— ***Diéli kèdjan*** : les voyageurs remarquèrent qu'il y avait plusieurs commerçants blancs à Wagadou, on voyait autour de la ville beaucoup de campements, les chameaux, errant de partout aux alentours.

— ***Diéli kèdjan*** : Wagadou était le pays des Sarakhoulé, les gens ici ne parlaient pas la langue du Manding.

— ***Diéli kèdjan*** : Cependant, il y avait beaucoup de personnes qui la comprenaient car les Sarakhoulé voyagent beaucoup, ce sont de grands commerçants leurs caravanes d'ânes lourdement chargés venaient en chaque saison sèche jusqu'à Niani; ils s'établissaient derrière la ville et les habitants sortaient faire des échanges.

— ***Diéli kèdjan*** : Les marchands se dirigèrent vers la porte monumentale de la ville.

— ***Diéli kèdjan*** : Le chef de la caravane parla aux gardes, et l'un d'eux fit signe de le suivre à Soundjata et à sa famille, qui entrèrent dans la ville des Cissé.

— ***Diéli kèdjan*** : Les maisons en terrasses n'avaient pas de toit de paille, cela changeait complètement avec les villes du Mandé.

— ***Diéli kèdjan*** : Il y avait aussi beaucoup de mosquées dans cette ville, cela n'avait rien d'étonnant pour Soundjata car il savait que les Cissé étaient aussi de grands marabouts. A Niani il n'y avait qu'une seule mosquée.

— ***Diéli kèdjan*** : Les voyageurs remarquèrent que les vestibules étaient incorporés aux maisons.

— ***Diéli kèdjan*** : Au Mandé, le vestibule ou « bolon » était une construction indépendante.

— ***Diéli kèdjan*** Comme c'était le soir tout le monde se dirigeait vers les mosquées, les voyageurs ne comprenaient rien aux propos que les passants échangeaient en les voyant se diriger vers le Palais.

— ***Diéli kèdjan*** : Le palais du roi de Wagadou était une construction imposante, les murs étaient très hauts. Sogolon et ses enfants furent reçus par le frère du roi, qui comprenait le Maninka.

— ***Diéli kèdjan*** Le roi était à la prière, son frère installa les voyageurs dans une immense pièce; on leur porta de l'eau pour qu'ils se désaltérassent. Après la prière, le roi rentra dans son palais et reçut les étrangers. Son frère servit d'interprète.

— ***Diéli kèdjan*** Le roi salue les étrangers.

— ***Diéli kèdjan*** : Nous saluons le roi de Wagadou, fit Sogolon.

— ***Diéli kèdjan*** : Les étrangers sont entrés en paix à Wagadou, que la paix reste sur eux dans notre ville dit le roi.

— ***Diéli kèdjan*** : Amen.

— ***Diéli kèdjan*** : Le roi donne la parole aux étrangers.

— ***Diéli kèdjan*** : Nous sommes du Mandé, commença Sogolon, le père de mes enfants était le roi Naré Maghan qui, il y a quelques années, avait envoyé une ambassade d'amitié à Wagadou. Mon mari est mort, mais le conseil n'a pas respecté ses voeux et mon fils (elle montra Soundjata) fut écarté du trône.

— ***Diéli kèdjan*** : Le fils de ma co-épouse dankaratouman a été installé sur le trône.

— ***Diéli kèdjan*** : J'ai connu l'exil, la haine de ma co-épouse qui m'a chassé de toutes les villes avec mes enfants j'ai marché sur tous les chemins.

— ***Diéli kèdjan*** : Je viens aujourd'hui demander asile aux Cissé de Wagadou.

— ***Diéli kèdjan*** : Il y eut quelques instants de silence.

— ***Diéli kèdjan*** : Pendant le discours de Sogolon, le roi et son frère n'avaient pas quitté Soundjata des yeux un seul instant.

— ***Diéli kèdjan*** : Tout autre enfant de onze ans eut été troublé par des yeux d'adultes, mais Soundjata, lui, garda son calme, il regardait tranquillement les riches décorations de la salle de réception du roi : les riches tapis accrochés aux murs et les riches vêtements des courtisans.

— ***Diéli kèdjan*** : Au grand étonnement de Sogolon et de ses enfants le roi parla aussi dans la langue même du Manding.

— ***Diéli kèdjan*** : Jamais un étranger n'a reçu autant d'hospitalité. Ma cour est votre cour, mon palais est le vôtre dit le roi.

— ***Diéli kèdjan*** : Vous êtes chez vous de Niani à Wagadou, considérez que vous n'avez fait que changer de chambre.

— ***Diéli kèdjan*** : L'amitié qui unit le Manding et le Wagadou remonte à une époque très éloignée, les anciens et les griots le savent, ceux du Manding sont nos cousins.

— ***Diéli kèdjan*** : Et s'adressant à Soundjata le roi dit d'un ton familier approche, cousin, comment t'appelles-tu ?

- Je m'appelle Mari-Djata, on m'appelle aussi Soundjata, mais plus communément on m'appelle Sogolon-Djata. Mon frère, lui, s'appelle Manding-Boukari, la plus jeune de mes sœurs s'appelle Djamarou, l'autre Sogolon-Kolonkan.

— ***Diéli kèdjan*** : En voilà un qui fera un grand roi, il n'oublie personne dit le roi.

— ***Diéli kèdjan*** : Voyant que Sogolon était très fatiguée, le roi dit, frère, occupe-toi de nos hôtes.

— ***Diéli kèdjan*** : Je veux que Sogolon et ses enfants soient royalement traités que dès demain les princes du Manding prennent place parmi nos enfants précise le roi.

— ***Diéli kèdjan*** : Sogolon se remit assez rapidement de ses fatigues. Elle fut traitée comme une reine à la cour du roi *Soumala Cissé*. On habilla les enfants à la mode de ceux de Wagadou.

— ***Diéli kèdjan*** : Soundjata et Manding Bory eurent de magnifiques blouses longues brodées ; on les entourait de tant de soins que Manding Bory en était gêné, mais Soundjata trouvait tout naturel qu'on le traitât ainsi.

— ***Diéli kèdjan*** : La modestie est le partage de l'homme moyen, les hommes supérieurs ne connaissent pas l'humilité.

— ***Diéli kèdjan*** : Soundjata devint même exigeant, et plus il était exigeant, plus les serviteurs tremblaient devant lui. Il fut très apprécié par le roi, qui dit un jour à son frère, si un jour il a un royaume, tout lui obéira car il sait commander.

— ***Diéli kèdjan*** : Cependant Sogolon ne trouva pas une paix plus durable à la cour de Wagadou qu'à la cour de Djedeba ou de Tabon. Elle tomba malade au bout d'un an.

— ***Diéli kèdjan*** : Le roi *Soumala Cissé* décida d'envoyer Sogolon et les siens à Mema à la cour de son cousin Tounkara.

— ***Diéli kèdjan*** : Mema était la capitale d'un grand royaume sur le Djoliba, après le pays de Do le roi rassura Sogolon sur l'accueil qu'on lui ferait.

— ***Diéli kèdjan*** : Sans doute l'air qui souffle du fleuve pourrait redonner la santé à Sogolon.

— ***Diéli kèdjan*** : Les enfants eurent de la peine à quitter Wagadou, ils s'étaient fait beaucoup, d'amis mais le destin était ailleurs, il fallait partir.

— ***Diéli kèdjan*** : Le roi *Soumala Cissé* confia les voyageurs à des commerçants qui allaient à Mema. C'était une grande caravane. Le voyage se fit à dos de chameaux depuis longtemps les enfants s'étaient familiarisés avec ces animaux inconnus au Manding.

— ***Diéli kèdjan*** : Le roi avait présenté Sogolon et ses enfants comme des membres de sa famille, aussi furent-ils traités avec beaucoup d'égards par les marchands.

—***Diéli kèdjan*** : Toujours avide de connaître, Soundjata posa beaucoup de questions aux caravaniers.

— ***Diéli kèdjan*** : C'étaient des gens très instruits. Les caravaniers parleront des pays au-delà de Wagadou, le pays des Arabes, le Hedjaz, berceau de l'Islam et berceau des ancêtres de Djata, car Bilali Bounama le fidèle serviteur du prophète, venait du Hedjaz.

—***Diéli kèdjan*** : Il apprit beaucoup de choses sur *Djoulou Kara Naïni* ; mais c'est avec terreur que les marchands parlaient de Soumaoro, le roi sorcier, le pillard qui enlevait tout aux marchands quand il était de mauvaise humeur.

—***Diéli kèdjan*** : Un courrier parti plus tôt de Wagadou avait annoncé l'arrivée de Sogolon à Mema. Une grande escorte fut envoyée au devant des voyageurs.

—***Diéli kèdjan*** : Devant Mema, il y eut une véritable réception.

—***Diéli kèdjan*** : Chose étonnante, le roi était absent, c'était sa sœur qui avait organisé cette grande réception, tout Méma était à la porte de la ville ;

—***Diéli kèdjan*** : A méma, beaucoup de personnes parlaient malinké et Sogolon et ses enfants purent comprendre l'étonnement des gens qui se disaient en malinké « d'où viennent-ils ? Qui sont-ils ? »

— ***Diéli kèdjan*** : La sœur du roi reçut Sogolon et ses enfants dans le Palais. Elle parlait très bien le maninkakan.

— ***Diéli kèdjan*** : Elle parla à Sogolon comme si elle la connaissait depuis longtemps. Elle logea Sogolon dans une aile du palais. Comme à son habitude Soundjata s'imposa très vite aux jeunes princes de Mema en quelques jours il connut tous les coins et recoins de l'enceinte royale.

— ***Diéli kèdjan*** : L'air de Mema, du fleuve, fit beaucoup de bien à la santé de Sogolon; elle fut encore plus touchée par l'amitié de la sœur du roi qui s'appelait Massiran.

—***Diéli kèdjan*** : Le roi était allé en campagne contre les montagnards qui se trouvent de l'autre côté du fleuve et il en était ainsi tous les ans car dès qu'on laissait la paix à ces tribus, elles descendaient des montagnes pour piller le pays.

— ***Diéli kèdjan*** : Soundjata et Manding Bory retrouvèrent leur plaisir favori, la chasse et ils y allaient avec les jeunes vassaux de Mema.

— ***Diéli kèdjan*** : A l'approche de l'hivernage on annonça le retour du roi, la ville de Mema fit un accueil triomphal à son roi, *Moussa Tounkara*, richement vêtu, montait un superbe cheval, sa cavalerie redoutable formait une escorte imposante, les fantassins marchaient en rangs, portant sur la tête les prises faites sur l'ennemi.

—***Diéli kèdjan*** : Les tambours de guerre roulaient, tandis que les captifs, tête basse et les mains liées au dos, avançaient tristement sous les ricanements de la foule.

— ***Diéli kèdjan*** : Quand le roi fut en son palais, sa soeur Massiran présenta Sogolon et ses enfants et lui remit la lettre du roi de Wagadou, Moussa Tounkara fut très touché et dit à Sogolon : « Soumala mon cousin, vous recommande, cela suffit, vou s êtes chez vous ».

—**Diéli kèdjan** : Vous resterez ici aussi longtemps que vous le voudrez dit le roi.

— **Diéli kèdjan** : C'est dans la cour de Mema que Soundjata et Manding Bory firent leurs premières armes. Moussa Tounkara était un grand guerrier, aussi admirait-il la force. Quand Soundjata eut quinze ans le roi l'emmena avec lui en campagne.

— **Diéli kèdjan** : Soundjata étonnait toute l'armée par sa force et sa fougue à la charge et au cours d'une escarmouche contre les montagnards, il se rua avec tant d'impétuosité sur l'ennemi que le roi prit peur pour lui, mais *Mansa Tounkara* admirait trop la bravoure pour arrêter le fils de Sogolon.

— **Diéli kèdjan** : le roi le suivait de près pour le protéger et il voyait avec ravissement l'adolescent semer la panique parmi l'ennemi ; il avait une présence d'esprit remarquable, frappait à droite, à gauche, et s'ouvrait une route glorieuse.

— ***Diéli kèdjan*** : Quand l'ennemi se fut enfui, les vieux sofas dirent : « En voilà un qui fera un bon roi. » Moussa Tounkara prit le fils de Sogolon dans ses bras et dit : « C'est le destin qui t'envoie à Mema, je ferai de toi un grand guerrier. »

— ***Diéli kèdjan*** : Depuis ce jour Soundjata ne quitta plus le roi, il éclipsa tous les jeunes princes et était aimé de toute l'armée, on ne parlait que de lui dans la cour royale.

— ***Diéli kèdjan*** : Le roi fut encore bien plus surpris par la clarté de son esprit car il avait une réponse à tout, les situations les plus embarrassantes trouvaient une solution devant l'adolescent.

— ***Diéli kèdjan*** : Bientôt ce fut à Méma, la population commença à parler du fils de Sogolon : n'était-ce pas la Providence qui envoyait cet enfant en ce moment et on affirmait déjà que Soundjata étendrait son empire depuis Mema jusqu'au Manding.

— ***Diéli kèdjan*** : Les incursions de l'ennemi devinrent de plus en plus rares et la réputation du fils de Sogolon s'étendit au-delà du fleuve.

— ***Diéli kèdjan*** : Au bout de trois ans, le roi nomma Soundjata *Kan-Koro-Sigui*, c'est-à-dire vice-roi, en l'absence du roi c'était lui qui commandait. Soundjata avait maintenant dix-huit hivernages.

— ***Diéli kèdjan*** : C'était alors un grand jeune homme au gros cou, à la poitrine puissante ; personne ne pouvait tendre son arc.

— ***Diéli kèdjan*** : Tout le monde s'inclinait devant lui, on l'aimait ; ceux qui ne l'aimaient pas le craignaient ; sa voix devint autoritaire.

— ***Diéli kèdjan*** : Le choix du roi fut approuvé par l'armée et le peuple ; le peuple aime tout ce qui lui en impose.

— ***Diéli kèdjan*** : Les populations de Mema révélèrent la destinée extraordinaire de Soundjata. On dit qu'il était le successeur de *Djoulou Kara Naïni* et qu'il serait encore plus grand.

— ***Diéli kèdjan*** : Que ne peut-on pas faire avec un chef aussi brave ! Soundjata inspirait confiance aux sofas.

— ***Diéli kèdjan*** : Soundjata était maintenant un homme, le temps avait marché depuis le départ de Niani, le destin devait s'accomplir maintenant.

— ***Diéli kèdjan*** : Sogolon savait que l'heure était venue, elle avait fait sa tâche ; elle avait nourri le fils que le monde attendait elle savait que sa mission était accomplie maintenant, et, que celle de Djata allait commencer.

— ***Diéli kèdjan*** : Un jour Sogolon dit à son fils : « Ne te fais pas d'illusions, ton destin n'est pas ici, ton destin est au Manding ; le moment est arrivé ; moi j'ai fini ma tâche, c'est la tienne qui va commencer, mon fils, mais il faut savoir attendre, chaque chose a son temps. »

— ***Diéli kèdjan*** : La narration fut tellement longue et précise qu'aucun bruit ne sortait de la foule. Certains, les plus petits s'en dormirent et leur ronflement donnait une admiration à la voix de Diéli kèdjan.

DEUXIEME PARTIE :

LE RETOUR DE L'EXIL

—***Pélé*** : Il était déjà minuit quand *Diéli Kèdjan* observa une pose car sa voix commençait à trembler pas parce qu'il est fatigué mais ce qui va conter après est plus important.

— ***Pélé*** : Le jeune griot lui apporta un pôt d'eau fraiche et *Diéli Kèdjan* s'assied dans un fauteuil sous l'admiration du public.

— ***Pélé :*** L'intermède musical réveilla en sursaut les enfants qui dormaient et un nouveau souffle d'admiration fit réveiller toute la foule. L'intermède durera une trentaine de minutes car chaque village voulait démontrer son talent musical.

— ***Pélé*** : Le public avait oublié Diéli fato, qui apparut bruyamment avec des pas de danse et précise qu'il souhairait danser que conter.

— ***Diéli Kèdjan*** se leva comme pour dire que la fête sur la place publique est terminée, les choses sérieuses vont démarrer.

— ***Diéli Kèdjan :*** Nous arrivons maintenant aux grands moments de la vie de Soundjata précise Diéli Kèdjan en pointant du doigt le chef de village de Djoliba : l'exil de Soundiata est terminé, un autre soleil se lève sur le mandé.

— ***Diéli Kèdjan :*** Ce soleil, c'est Soundjata. Tout grand roi possède un chantre pour perpétuer sa mémoire.

— ***Diéli Kèdjan*** *:* Ce chantre c'est moi Diéli Kèdjan, celui qui est dépositaire de la science du passé, qui connaît l'histoire de mon pays et qui peut lire dans son avenir.

— ***Diéli Kèdjan*** *:* Moi, grand griot de la famille des Kouyaté, je suis l'aboutissement d'une longue tradition bâtie sur des générations et transmettant l'histoire des rois de père en fils.

— ***Diéli Kèdjan*** *:* Je jure que la parole m'a été transmise sans altération, je la dirai sans l'altérer car je l'ai reçue pure de tout mensonge.

— ***Diéli Kèdjan*** *:* Je vous prie d'écouter maintenant l'histoire de Soundjata, le « Na'Kamma » c'est à dire l'homme qui avait une mission à accomplir. Il est né un jour béni et il mourra un jour béni également.

— ***Diéli Kèdjan*** *:* Au moment où Soundiata s'apprêtait à revendiquer le royaume de son père Naré Famaghan KONATE, Soumaoro Kanté était le roi des rois.

— ***Diéli Kèdjan*** *:* c'était le roi le plus puissant de la contrée car les génies s'étaient révélés en lui pour rendre sa puissance incommensurable.

— ***Diéli Kèdjan*** *:* Soumaoro Kanté était un génie et son général en chef était son neveu, le forgeron Fakoli Koroma qui était le fils de sa soeur Kassia. La femme de Fakoly était une femme brave et possédait de secrets de cuisine mieux que les femmes de Soumaoro KANTE.

— ***Diéli Kèdjan*** *:* Soumaoro Kanté finit par enlever Keleya, la femme de son neveu. Fakoli entrera dans une colère épouvantable et vint trouver son oncle et lui dit : « je suis maintenant libéré de tous liens envers toi car je serai désormais du côté de tes ennemis, les Malinkés et je ferai la guerre contre toi ».

— ***Diéli Kèdjan*** *:* Fakoly partit ainsi du royaume de Sosso avec un groupe important de forgerons de la tribu de Koroma pour rejoindre Soundiata. Le frère aîné de celui, Dankaran Touman s'était enfui sous la colère de Soumaoro pour s'installer à Kissidougou en Guinée.

— ***Diéli Kèdjan*** *:* Face à la situation lamentable des populations du mandé, une mission se constitua sous la direction de Kountoun Manian, un vieux griot de la cour de Naré Maghan et composée de Mandjan Bérété, un frère de Sassouma, Singbin Mara Cissé, un marabout de la cour ; Siriman Touré, autre marabout, et enfin une femme, Magnouma à la recherche de Soundiata.

—***Diéli Kèdjan*** observa une trêve avant d'absorber quelques gorgées d'eau. La foule s'était rassemblée, vieux, vielles, jeunes et enfants pour écouter l'histoire de leurs ancêtres.

—***Diéli fato*** profitera du retrait momentannée de Diéli Kèdjan pour s'introduire furtivement sur la place publique. Il s'écria en disant « je vais corriger certains passages de mon frère ».

— ***Diéli fato*** : En réalité Soundiata n'a pas fui le mandé comme certains le disent sous la pression de Soumaoro. Au moment de son voyage, la paix règnait au Mandé sous la direction de son frère aîné Dankaran Touman.

— ***Diéli fato*** : Au cours de son périple auprès des différents rois, Soundiata s'est formé au maniement des armes et aux techniques de direction des troupes de guerre. Il a appris également beaucoup de choses et surtout la sagesse et les stratégies de guerre.

— ***Diéli fato*** : A son retour, Soundiata le stratège avait tissé des liens avec les rois de Mansa Moussa Tounkara de Méma, Cissé de Ouagadou et Kamara de Tobon, Koné ou kondé de Do, Traoré et les autres groupes maraboutiques pour faire face à la ménace de Soumaoro Kanté qui ne cessait d'envahir et d'occuper les petits royaumes.

— ***Diéli fato*** : Tous ces rois ont décidé de faire front contre Soumaoro et d'aider Soundiata en mobilisant les guerriers et les chevaux nécessaires.

— ***Diéli fato*** : C'est Soundiata en collaboration avec ces rois qui a préparé les chartes avant la guerre contre Soumaoro et la charte de kurukanfuga.

— ***Diéli fato*** : la charte définie avant la guerre dont le contenu n'est pas révélé car seuls les chefs de guerre l'ont élaboré. Cette charte mettait l'accent sur la stratégie de guerre, la repartition des butins et le rôle de chacun des chefs de guerre.

— ***Diéli fato*** : la charte après la guerre s'est tenue sur un terrain neutre et un espace large permettant à chacun de s'exprimer librement. Cet espace est situé non loin du site actuel de kangaba.

— ***Diéli fato*** : Cet endroit qui n'avait pas été souillé par la guerre se caractérisait par sa proximité du fleuve, la nature de terrain plat contrairement aux montagnes et son étendue permettant de voir de loin les ennemis.

— ***Diéli fato*** : le contenu de la charte de Kurukanfiga est demeuré longtemps inconnu car verbal mais engageant toutes les communautés.

— ***Diéli fato*** : Seuls les détenteurs de la tradition orale ont pu retenir certaines parties. Une grande partie de la charte demeure secret et inconnue.

— ***Diéli fato*** : Moi Diéli horon ! C'est-à-dire celui qui ne cache rien et qui raconte l'histoire telle que vécue, je vous récite une partie de la charte qui a engagé les rois sous la direction de Soundiata en l'an 1222:

1)Toute vie (humaine) est une vie :

Il est vrai qu'une vie apparaît à l'existence avant une autre vie, Mais une vie n'est pas plus "ancienne", plus respectable qu'une autre vie. De même qu'une vie n'est pas supérieure à une autre vie.

2)Toute vie étant une vie :

Tout tort causé à une vie exige réparation.

Par conséquent,

Que nul ne s'en prenne gratuitement à son voisin,

Que nul ne cause du tort à son prochain,

Que nul ne martyrise son semblable.

3)Que chacun veille sur son prochain :

Que chacun vénère ses géniteurs,

Que chacun éduque comme il se doit ses enfants,

Que chacun "entretienne", pourvoie aux besoins des membres de sa famille.

4)Que chacun veille sur le pays de ses pères :

Par pays ou patrie, *faso*,

Il faut entendre aussi et surtout les hommes ;

Car "tout pays, toute terre qui verrait les hommes disparaître de sa surface

Deviendrait aussitôt nostalgique."

5)La faim n'est pas une bonne chose :

L'esclavage n'est pas non plus une bonne chose ;

Il n'y a pas pire calamité que ces choses-là,

Dans ce bas monde.

Tant que nous détiendrons le carquois et l'arc,

La faim ne tuera plus personne au Mandé,

Si d'aventure la famine venait à sévir ;

La guerre ne détruira plus jamais de village

Pour y prélever des esclaves ;

C'est dire que nul ne placera désormais le mors dans la bouche de son semblable

Pour allez le vendre ;

Personne ne sera non plus battu,

A fortiori mis à mort,

Parce qu'il est fils d'esclave.

6)L'essence de l'esclavage est éteinte ce jour :

"D'un mur à l'autre", d'une frontière à l'autre du Mandé ;

La razzia est bannie à compter de ce jour au Mandé ;

Les tourments nés de ces horreurs sont finis à partir de ce jour au Mandé.

Quelle épreuve que le tourment !

Surtout lorsque l'opprimé ne dispose d'aucun recours.

L'esclave ne jouit d'aucune considération,

Nulle part dans le monde.

7)"L'homme en tant qu'individu

Fait d'os et de chair,

De moelle et de nerfs,

De peau recouverte de poils et de cheveux,

Se nourrit d'aliments et de boissons ;

Mais son "âme", son esprit vit de trois choses :

- Voir ce qui il a envie de voir,
- Dire ce qu'il a envie de dire
- Et faire ce qu'il a envie de faire ;

Si une seule de ces choses venait à manquer à l'âme humaine,

Elle en souffrirait

Et s'étiolerait sûrement."

En conséquence, les chasseurs déclarent :

Chacun dispose désormais de sa personne,

Chacun est libre de ses actes,

Chacun dispose désormais des fruits de son travail.

Tel est le serment du Mandé

A l'adresse des oreilles du monde tout entier.

— **Diéli Fato** : Après cette récitation qu'il maîtrise si bien, Diéli Fato s'écria et quitta la place publique.

—***Diéli Kèdjan*** se leva en titubant car il ne sait jamais douter des talents de son aîné frère qui a été frappé par une crise de meningite mais gardant encore les secrets de la tradition orale.

— ***Diéli Kèdjan*** : L'équipe de mission marchera des jours et des jours de Nianiba à Méma soit près de 2000 kilomètres à raison de 50 kilomètre par jour soit un mois et dix jours.

— ***Diéli Kèdjan*** : Soundiata savait que l'heure était arrivée pour sauver le mandé et ses populations. Il savait également que son frère aîné avait fui pour s'installer à Kissidougou.

— ***Diéli Kèdjan*** : Soundiata avait acquis la confiance de mansa Moussa Tounkara. Il dirigeait les cavaliers et il avait appris à monter à cheval.

— ***Diéli Kèdjan*** : Soundiata demandera l'appui de mansa Moussa Tounkara qui n'hésitera pas à lui offrir une cavalerie et des hommes.

—***Diéli Kèdjan*** : respira longuement et s'installa dans un fauteuil placé près des joueurs de tam-tam. Il demanda par un signe à la cantatrice d'entonner une chanson à l'honneur de l'arrivée de Soundiata, le brave, le victorieux, le juste et aussi le prudent.

—***Diéli Mossoba***, la cantatrice se leva avec ses grands boubous brodés et entonna cette chanson à l'honneur de Soundjata.

— ***Diéli Mossoba*** : Puis elle fit un commentaire sur la stratégie utilisée par Soundiata pour vaincre son adversaire Soumangourou Kanté.

— ***Diéli Mossoba*** : En magnifiant ainsi les femmes, Diéli Mossoba précise que c'est Djègué, une des sœurs de Soundiata qui a accepté se soumettre aux sortilèges de Soumangourou kanté pour le livrer à son frère.

—***Diéli Mossoba***, en poursuivant sa narration Djègué a été offert en mariage à Soumangourou kanté. Avant de partir, elle dit à son frère « je ferai tout pour que le roi de Sosso lui apprenne son secret ».

—***Diéli Kèdjan,*** se leva brusquement et fit un geste de la main droite à Diéli Mossoba comme pout lui dire que son tour est arrivé de conter réellement ce qui s'est passé.

— ***Diéli Kèdjan*** interpella ardemment Diéli Mossoba sous le bourdement de son pied gauche qui frappait le sol comme pour enterrer le mensonge et déterrer la vérité.

—***Diéli Kèdjan***, en s'adressant à la foule comme pour la prendre en témoin, dit « si je n'arrête pas Diéli Mossoba, elle va conter les éloges de la femme et oublier ainsi l'essentiel ».

—***Diéli Fato*** s'introduit furtivement sur la place publique et demanda à son frère Diéli Kédjan s'il pouvait conter d'abord le retour de Soundiata et la bataille qui s'en est suivie.

—***Diéli Kèdjan***, avec un acquiessement de la tête, Diéli Fato était ainsi autorise à narrer ce qu'il avait appris. Il ne pouvait en être autrement car en milieu malinké, le grand frère a toujours raison sur le petit frère.

—***Diéli fato****,* en larmes comme pour dire que toutes les vérités ne sont pas bonnes à dire murmura et finit par s'écrier « je vais dire la vérité et seulement la vérité ».

—***Diéli fato*** *:* au cours du séjour long de Soundiata, sa maman et ses frères et sœurs auprès des rois, la population du mandé a subi l'humiliation la plus sauvage des guerriers du roi de Sosso.

—***Diéli fato*** : Après leurs forfaits, il s'agit des guerriers de Sosso, il est difficile aujourd'hui de savoir qui est noble au mandé.

—***Diéli fato*** : Ce que je sais ceux qui sont partis à l'exil sont restés nobles et purs. Ils n'ont subi aucune souillure.

—***Diéli fato*** *:* Soundiata et ses compagnons ont été accueillis en héros. Dès son retour à Niani, son armée a été constituée et fortifiée.

—***Diéli fato*** : La cavalerie offerte à Soundiata, était un peu méconnue en milieu malinké.

—***Diéli fato*** *:*cette cavalerie a déjà permis à Soundiata de se faire envier et d'avoir des alliances avec plusieurs petits royaumes souvent par peur d'être conquis de force.

—***Diéli fato*** *:* Soumangourou était déjà affaibli par des problèmes internes entre ses guerriers et ceux-ci étaient attirés par la cavalerie de Soundiata.

—***Diéli fato*** : la nouvelle alliance qui se préparait contre Soumangourou faisait également peur.

—***Diéli fato*** *:* comme Soundiata cherche toujours à faire jouer par les femmes les rôles les plus délicats et les hisser ainsi au plus haut niveau, sa sœur Djègué a été utilisée pour mystifier la sorcellerie de soumangourou Kanté.

—***Diéli fato****,* se retira aussitôt et demanda à son frère Diéli Kèdjan de poursuivre la narration. Des murmures sortirent de la foule comme pour reclamer Diéli fato.

—***Diéli kèdjan****,* ne se précipitera point mais attendit que son frère quitte la foule pour se rassurer qu'il pouvait continuer la narration.

—***Diéli kèdjan*** : je ne voudrais pas discrediter mon frère car je sais qu'il maîtrise mieux que moi les histoires mandingues malgré sa maladie. Je vais commencer là où mon frère Diéli fato a laissé.

—***Diéli kèdjan*** : Djègué est la fille de Sassouma BERETE, la demi sœur de Soundiata et la deuxième femme de Fakoly, un guerrier du roi Sosso.

—***Diéli kèdjan*** : Djègué a été prise de force par Soumangourou Kanté malgré que Djègué était la femme de son neveu Fakoly.

—***Diéli kèdjan*** : pour reprendre sa femme, fakoly tissa alliance avec Soundiata et demandera à Djègué de s'informer sur les secrets et sortilèges de Soumangourou Kanté.

—***Diéli kèdjan*** : la vaillante Djégué s'échappe une nuit du palais aux sept enceintes.

—***Diéli kèdjan*** : Elle saute sur un cheval impatient et, dans l'obscurité, harcelant sa monture, elle galope vers son frère.

—***Diéli kèdjan*** : Djègué revèlera à son frère que « Soumangourou Kanté sera tué, par une flèche dont la pointe portera un ergot de coq noir et blanc ».

—***Diéli kèdjan*** : Soundiata donna l'ordre à un magicienla même nuit, l'ancêtre des Kamara, de lui fabriquer cette flèche.

—***Diéli kèdjan*** : Soundiata, confiant en sa cavalerie et les secrets sur Soumangourou réunira son armée, le lendemain forte et bien organisée pour définir un plan de guerre et attaquer son ennemi.

—***Diéli kèdjan*** : La rencontre a eu lieu à Kirina situé actuellement en Guinée Conakry. Les deux rois s'invectivent d'abord, comme c'est la coutume, puis Soundiata, le cœur brûlant de vengeance, mais très calme, bande son arc.

—***Diéli kèdjan*** : La flèche siffle d'une façon terrible, le ciel aussitôt devient noir et d'épouvantables grondements de tonnerre retentissent. Et la flèche atteint Soumangourou Kanté.

—***Diéli kèdjan*** : C'est le dernier souvenir que les Mandingues gardent de leur ennemi. Car, au même moment, il disparaît et jamais personne ne le revit. A la place qu'il occupait reste un bracelet d'argent. Un baobab poussa au milieu.

—***Diéli kèdjan*** : Soundiata s'empara des États de Soumangourou Kanté et deviendra maître de sa capitale en 1240, conquiert le Gangaran et le Bambouk, pays de l'or.

—***Diéli kèdjan*** : Soundiata s'installera à Niani, sur le Sankarani, et prend le titre d'empereur.

—***Diéli kèdjan*** : Soundiata sut lutter pour reconquérir son royaume, est devenu un grand administrateur.

Soundita fit cultiver le coton et tisser ses fibres, exploita les mines d'or, développa le commerce et établit la sécurité sur toute l'étendue du royaume.

—***Diéli kèdjan*** : Après la conquête, à Kurukanfugan, plaine située non loin de Kangaba, les chefs Mandé firent acte d'allégeance à Soundiata qui fut auréolé du titre de *Mansa* (roi des rois) et une charte fut élaborée. Il s'agit de la premièe trame de la constitution du Mali.

—***Diéli kèdjan*** : Tous les chefs du Mandé étaient d'accord pour garantir aux populations toutes les libertés.

—***Diéli kèdjan*** : Les droits et devoirs de chacune des ethnies associées furent arrêtés. C'est pourquoi les traditionnistes du Mali disent que Soundiata « partagea le monde ».

—***Diéli kèdjan*** : La charte reproduisait le schéma des couches sociales de chaque région dont la personnalité était reconnue.

—***Diéli kèdjan*** : L'Empire avait une administration assez souple puisque le souverain respectait les institutions des provinces conquises ; c'était plutôt une fédération de royaumes ou de provinces.

—***Diéli kèdjan*** : La ville avait une population cosmopolite, car toutes les provinces et tous les corps de métiers s'y faisaient représenter.

—***Diéli kèdjan*** : Soundiata la déclara terre d'empire ou patrie commune à tous les peuples.

—***Diéli kèdjan*** : Avec Soundiata, l'histoire du Mandé va tourner autour de trois éléments : la Terre; le commerce et les guerres de conquête.

—***Diéli kèdjan*** : De grandes fêtes ont souvent lieu dans la capitale. Hélas, au cours de l'une d'elles, en 1256, Soundiata Keita meurt accidentellement.

—***Diéli kèdjan*** : chaque année, depuis 1265, au bord du Sankarani, des fêtes religieuses se célèbrent à l'endroit où le grand Soundiata est mort.

—***Diéli kèdjan*** : sous la fatigue et compte tenu de la fin tragique de Soundiata, le conteur se sentait fatigué. Par un geste des deux mains, il annonça à la foulé qui s'était levée dans un brouhaha total la fin des contes.

—***Diéli kèdjan*** informera le public que la suite des contes aura lieu demain. Je me ferai le devoir de me faire accompagner par mon frère Diéli fato et Diéli Mossoba.

—***Pélé*** : la seconde nuit, la foule s'était amassée très tôt sur la place publique dès vingt heures juste après le dîner. Les enfants sont les premiers à arriver et s'installent rapidement presque au beau milieu de la place publique. L'animation folklorique battait son plein quand Diéli Kèdjan accompagné par son frère arrivèrent aux environs de vingt deux heures.

TROISIEME PARTIE :

LES HERITIERS DE SOUNDJATA ET LA REFONDATION DU MALI ACTUEL

—***Diéli kèdjan*** : demanda l'autorisation à son frère avant de saluer le public par des gestes de mains. Diéli Kèdjan semblait avoir suffisamment d'énergie pour conter ceux qui ont succédé à Soundiata. Il remercia le représentant du chef de village et présenta ses excuses aux griots présents pour les erreurs qui ont pu se glisser dans la narration d'hier.

—***Pélé*** : Au nom du chef de village, les malinkés veulent savoir l'identité des princes qui ont succédé à Soundiata et les réalisations faites par chacun d'eux. Les malinkés veulent comprendre également ce qui s'est passé au mandé après le décès de Soundiata.

—***Diéli kèdjan*** : La mort de Soundjata est suivie d'une période d'instabilité en raison des problèmes de succession. Les princes du clan Keïta reprennent le pouvoir dont Aboubakar II (ou Aboubakri) le père de Kankou Moussa, il est connu pour sa tentative d'exploration de l'Océan Atlantique avec une armada de pirogues. Les princes qui ont succédé à Soundiata sont :

- Ouali Keïta (1255-1270)
- Ouati Keïta (1270-1274)
- Khalifa Keïta (1274-1275)

- Abu Bakr (1275-1285)
- Sakura (1285-1300)
- Gao (1300-1305)
- Mohammed ibn Gao (1305-1310)
- Aboubakr II (1310-1312).

—***Diéli kèdjan*** : C'est le règne de Kankou Moussa (1312-1337).

Kankou Moussa ou Kango Moussa ou Kankan Moussa ou Mansa Moussa ou Kouta Moussa qui a permis à l'empire de connaître son apogée. Son règne se situe à l'apogée du Mali qui s'étend de l'Atlantique Ouest à Gao à l'Est, de l'Adrar des Ifoghas au Nord à la zone forestière au Sud.

—***Diéli kèdjan*** : Kankou Moussa a été le souverain le plus pieux qui réalisa le pèlerinage à la Mecque entre 1324-1325.

—***Diéli kèdjan*** : Par ce voyage Kankou Moussa a ouvert des contacts avec le monde arabe, développé le commerce transsaharien à partir des villes du Mali et favorisé l'ouverture des centres culturels et religieux à Djenné et Tombouctou.

—***Diéli kèdjan*** : poursuit sa narration en précisant qu'après Kankou Moussa, plusieurs souverains ont dirigé le mandé sans pour autant maintenir la stabilité et la sécurité. Il s'agit notamment de :

- Mansa Maghan (1337-1341)
- Mansa Souleymane (vers 1341-1360)
- Kassa (vers 1360)
- Mari Diata II (vers 1387-1374)
- Musa II (1374-1387)
- Magha II (1387-1389)
- Sandaki (vers 1389-1390)
- Mahmud (1390-1400)

—***Diéli Fato*** *:* s'approcha de son frère et lui souffla des mots à son oreille. Aussitôt, diéli Kèdjan quitta la place publique et s'installa dans un fauteuil. Il semblait être fatigué.

—***Diéli Fato*** poursuit « Si Soundiata au fabuleux courage a fondé la dynastie des Keita, Kankou Moussa, l'a portée au sommet de sa puissance ». Ce sont les deux grands empereurs de l'empire Mali. Après la mort de Kankou Moussa, son fils Maghan (1337-1341), moins intelligent et moins ferme prit le pouvoir.

—***Diéli Fato*** : L'empire Sonraï reprend son indépendance, Ali Kolen règne d'abord, et Selman Nar ensuite. C'est le premier coup porté au Mali.

—***Diéli Fato*** : le règne Souleiman (1341-1360), frère de Kankou Moussa, n'a pu faire rentrer le royaume de Sonraï dans l'empire mandingue. Lui aussi a fait venir des lettrés et des savants du Maroc et d'Égypte.

—***Diéli Fato*** Malheureusement Souleiman est le dernier grand empereur mali. La décadence, qui a commencé avec Maghan, continuera avec les souverains qui suivirent.

—***Diéli Fato*** : Vers 1400, les Mossi ruinent les provinces de l'Est. Tombouctou est prise en 1435 par un chef venant du Sahara : le Targui Akil.

—***Diéli Fato*** : Au XVIe siècle, les Bambara se révoltent. L'empereur du Mali est vaincu et se retire dans sa capitale. Le grand empire Mali n'existe plus. Mais il a été si puissant que son souvenir existe toujours.

—***Diéli Fato*** : A la mort de Kankou Moussa les problèmes de succession affaiblissent l'empire qui, à la fin du XIV. En 1445, Niani est pillé, c'est la fin de l'empire et toutes les provinces sous tutelle s'émancipent.

—***Diéli Fato*** : L'empire du Mali a succédé à celui du Wagadu, plus connu sous le nom de Ghana. Depuis le VIIIe siècle, l'empire du Ghana entretenait des échanges avec les populations sédentaires du Sahel.

—***Diéli Fato*** Par suite de l'assèchement progressif des zones du Sahel, les populations se replirent vers le sud plus humide.

—***Diéli Fato*** *:* voici conté les histoires des Massalens et vous devrez en être fiers. Quelle place les massalens occupent ils aujourd'hui dans le rayonnement du Mali actuel ?

—***Diéli Fato*** : Les Massalens doivent réfléchir et trouver les solutions justes. L'avenir du Mali est dans vos mains, vous conteurs et historiens, est ce des mains plus rassurantes ? Mon frère je vous invite à venir conclure cette belle soirée.

—***Diéli Kèdjan :*** se leva en s'adressant directement au représentant du chef de village. « Avec les bénédictions des anciens, ceux qui ont fondé le mandé et celles de mes parents, je viens de boucler les contes sur les histoires des massalens du Mandé. »

—**Pélé** : Au nom du chef de village, nous nous réjouissons des efforts que toi et ton frère ont deployé durant ces deux jours. Le chef de village vous a offert un bœuf et cinquante mille francs CFA. Merci à tous pour la patience à l'année prochaine. Que la musique continue.

Sont édités par le même auteur :

1." Problématique de la sécurité alimentaire au pays Dogon", notes et travaux n°34 - ISBN 2 921590- 26 - 3 Université Laval, Québec, mars 1996

2. "Problématique de l'émigration des Soninké de Kayes", notes et travaux n°35 - ISBN 2 921590- 27 - 1, Université Laval, Québec, mars 1996

3. "Guide pratique des banques de céréales au Mali", imprimerie Jamana/CTA Hollande, 1999, Bamako (ISBN -2 - 910454-73-8)

4. " Sécurité alimentaire et organisations Agricoles et rurales au Mali", ISBN 978 - 2 - -296 - 96259-0, Editions Harmattan, France.

Printed by Books on Demand GmbH, Norderstedt / Germany